새 교과서

글씨체 바로잡기와 받아쓰기

글씨쓰기의 기초 5

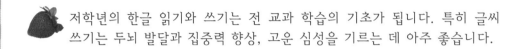

지도하시는 분(학부모, 교사)께

저학년의 한글 읽기와 쓰기는 전 교과 학습의 기초가 됩니다. 특히 글씨 쓰기는 두뇌 발달과 집중력 향상, 고운 심성을 기르는 데 아주 좋습니다.

글씨를 잘 쓰면 칭찬을 받아 학습 동기가 유발되고, 모든 일에 자신감을 갖게 되며, 다른 학습에도 전이 효과가 매우 큽니다.

연필 잡는 방법과 앉아 쓰는 자세는 글씨 쓰기에 큰 영향을 미치고, 신체 발육과 건강에도 관계됩니다. (국어 **1-1가** 참조, 지속적으로 지도해 주십시오.)

글씨를 잘 쓴다는 것은 바르고 예쁜 글자의 모양〔字形〕을 이룬다는 것이 므로, 자형에 관심을 갖고 인식하도록 지도하는 것이 중요합니다.

한글 자형의 구조를 관찰하여 인식하도록 도와줍시다.
- 같은 낱자라도 자리잡는 위치와 어떤 낱자를 만나느냐에 따라 모양이 달라지기 때문에 획의 방향, 길이, 간격 등을 잘 관찰하면서 쓰도록 하면 효과가 큽니다.
- 모범자를 보고 쓴 자기 글씨를 비교·관찰하면서, 잘된 부분과 그렇지 않은 부분을 찾아보게 하면 바른 자형의 조건을 인식하는 데 도움이 됩니다.

4등분된 네모 칸에 중심을 잡아 글자를 배치하는 것이 어린이들에겐 쉽지 않기 때문에 글자의 시작 지점〔始筆點〕 선정을 잘하도록 도와줍시다.

이 책은 국어 1~2학년군 ❶-2가 / 나, 국어활동 ❶-2 교과서를 바탕으로 국어 학습의 기초를 다지고, 바르고 예쁜 글씨체를 익히도록 엮었습니다.

하루에 너무 많은 분량을 쓰게 하면 글씨 쓰기에 흥미를 잃을 수 있습니다.

막연한 칭찬보다는 구체적으로 지적하며 칭찬해 주는 것이 효과적입니다.

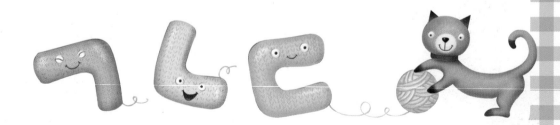

이 책의 구성과 활용 방법

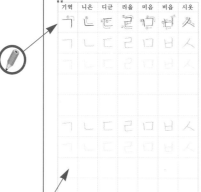

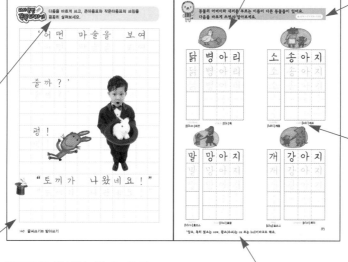

르고 고운 손글씨
정통 글씨체를
계적으로 충실히
쳐요.

〈국어〉〈국어 활동〉
책의 내용이 골고루
담겨 있어, 국어 실
력이 쑥쑥 자라나요.

흐린 글씨를 따라
쓰고 빈칸에 여러
번 쓰면서 충실한
쓰기 연습이 이루
어져요.

력한 모눈 칸에 편
한 마음으로 즐겁게
기 연습을 해요.

빈칸에 쓴 글씨는 지우개
로 지우고 다시 연습해도
좋아요.

재미있는 그림과 생생한
실물 사진으로 학습 효과
를 높이고 보는 즐거움을
더했어요.

교과서 과목과 쪽수
를 밝혀 예습, 복습
에 편리해요. 특히
받아쓰기 연습에 안
성맞춤이지요.

어린이가 꼭 알고
주의해야 할 사항
을 지시문에 담았
어요.

초등학교 1학년 수준에
맞는 영어 단어도 곁들
여 더욱 재미있어요.
(영어 발음은 참고용으로,
국제 음성 기호에 최대한
가까운 우리말 표기를 곁
들였어요.)

실제 원고지와 똑같이 꾸며, 쓰기
연습을 하면서 원고지 사용법과
문장 부호의 쓰임새를 자연스럽게
익힐 수 있어요.

알기 쉽고 간결한 도움말
을 곁들여 학습 내용이
머릿속에 쏙쏙 들어와요.

한 민족이 고유한 언어를 가지고 있고, 그 언어를 기록할 수 있는 고유한 글자를 가지고 있다는 것은 참으로 자랑스러운 일입니다.

이 지구상에서 사용되는 언어는 수천 가지에 이릅니다. 그러나 그 언어를 담아내는 글자를 가진 민족은 그 수보다 훨씬 적습니다.

우리도 세종 대왕께서 **훈민정음**, 즉 **한글**을 창제하시기 전까지는 중국의 한자를 빌려 사용하였습니다. 하지만, 배우기 쉽고 과학적인 한글을 갖게 됨으로써 민족에 대해 긍지를 갖게 되고, 문화와 문명도 더욱 발전하였지요.

그런데 기계 문명이 발달하고 세계화가 진행되면서 우리 말과 글이 날로 훼손되고 있습니다. 외래어를 마구 사용하고, 우리 말과 글을 이상야릇하게 왜곡하여 사용하며, 영어 등 다른 나라 말을 중요하게 여기는 경향이 있지요.

물론 세계화에 발맞추어 다른 나라 언어에도 관심을 기울여야 함은 당연합니다. 그러나 그보다 먼저 우리의 뿌리인 **국어**를 정확하게 알고, 바르게 사용할 줄 알아야 합니다.

이 책을 통해 바르고 아름다운 **글씨체**를 익히고, 아울러 **국어 학습**의 기초를 단단히 다져 국어 사랑, 나라 사랑을 실천하기 바랍니다.

— 엮은이 —

'훈민정음'은 '백성을 가르치는 바른 소리'란 뜻이에요. 백성을 위하는 마음이 빚어 낸 사랑의 발명품이지요.

▲ '훈민정음'을 만들게 된 까닭, '훈민정음'에 대한 상세한 해설 등이 실린 책 〈훈민정음〉. 국보 제70호.

글씨쓰기 기초 다지기

- 자음자(ㄱ~ㅎ)의 모양을 알고 이름을 정확히 익힙니다. 아울러 자음자를 쓰는 순서에 맞게 바르고 예쁘게 충실히 써 봅니다.
- 모음자 'ㅏ, ㅑ, ㅓ, ㅕ, ㅗ, ㅛ, ㅜ, ㅠ, ㅡ, ㅣ'의 발음과 모양, 이름을 정확히 익히고, 쓰는 순서에 맞게 바르고 예쁘게 써 봅니다.
- 자음자와 모음자를 합해 받침 없는 글자를 만들고 바르게 써 봅니다.
- 받침 없는 글자에 자음자를 합해 받침 있는 글자를 만들고, 쓰는 순서에 맞게 바르게 써 봅니다.
- 'ㄱ, ㄲ, ㅋ', 'ㄷ, ㄸ, ㅌ', 'ㅂ, ㅃ, ㅍ', 'ㅈ, ㅉ, ㅊ', 'ㅅ, ㅆ' 소리를 비교해 보고 낱말을 바르게 써 봅니다.
- 받침 'ㄲ, ㅆ'을 잘 살펴보며 낱말을 바르게 써 봅니다.

기역	니은	디귿	리을	미음	비읍	시옷
ㄱ	ㄴ	ㄷ	ㄹ	ㅁ	ㅂ	ㅅ
ㄱ	ㄴ	ㄷ	ㄹ	ㅁ	ㅂ	ㅅ
ㄱ	ㄴ	ㄷ	ㄹ	ㅁ	ㅂ	ㅅ
ㄱ	ㄴ	ㄷ	ㄹ	ㅁ	ㅂ	ㅅ
ㄱ	ㄴ	ㄷ	ㄹ	ㅁ	ㅂ	ㅅ

자음자(ㄱ~ㅅ)의 이름을 쓰는 순서에 맞게 바르게 쓰고,
소리 내어 읽으며 정확히 익히세요.

✽ 국어, 국어활동1-2 전권

ㄱ	기역	기역	기역	기역	기역

ㄴ	니은	니은	니은	니은	니은

ㄷ	디귿	디귿	디귿	디귿	디귿

ㄹ	리을	리을	리을	리을	리을

ㅁ	미음	미음	미음	미음	미음

ㅂ	비읍	비읍	비읍	비읍	비읍

ㅅ	시옷	시옷	시옷	시옷	시옷

✽특히 받침을 잘 살펴보세요. 각 자음자가 그대로 쓰입니다.

이응	지읒	치읓	키읔	티읕	피읖	히읗
ㅇ	ㅈ	ㅊ	ㅋ	ㅌ	ㅍ	ㅎ
ㅇ	ㅈ	ㅊ	ㅋ	ㅌ	ㅍ	ㅎ
ㅇ	ㅈ	ㅊ	ㅋ	ㅌ	ㅍ	ㅎ
ㅇ	ㅈ	ㅊ	ㅋ	ㅌ	ㅍ	ㅎ
ㅇ	ㅈ	ㅊ	ㅋ	ㅌ	ㅍ	ㅎ

자음자(ㅇ~ㅎ)의 이름을 쓰는 순서에 맞게 바르게 쓰고,
소리 내어 읽으며 정확히 익히세요.

✽ 국어, 국어활동1-2 전권

ㅇ 이응 이응 이응 이응 이응

ㅈ 지읒 지읒 지읒 지읒 지읒

ㅊ 치읓 치읓 치읓 치읓 치읓

ㅋ 키읔 키읔 키읔 키읔 키읔

ㅌ 티읕 티읕 티읕 티읕 티읕

ㅍ 피읖 피읖 피읖 피읖 피읖

ㅎ 히읗 히읗 히읗 히읗 히읗

모음자 ㅏ, ㅑ, ㅓ, ㅕ, ㅗ, ㅛ, ㅜ를 순서에 맞게 바르게 써 보세요.
각 모음자의 이름을 큰 소리로 읽어 보세요.

✳ 국어, 국어활동1-2 전권

아	야	어	여	오	요	우

모음자 ㅠ, ㅡ, ㅣ, ㅑ, ㅕ, ㅛ, ㅠ를 순서에 맞게 바르게 써 보세요.
각 모음자의 이름을 큰 소리로 읽어 보세요.

✽ 국어, 국어활동1-2 전권

유	으	이	야	여	요	유
ㅠ	ㅡ	ㅣ	ㅑ	ㅕ	ㅛ	ㅠ
ㅠ	ㅡ	ㅣ	ㅑ	ㅕ	ㅛ	ㅠ
ㅠ	ㅡ	ㅣ	ㅑ	ㅕ	ㅛ	ㅠ
ㅠ	ㅡ	ㅣ	ㅑ	ㅕ	ㅛ	ㅠ
ㅠ	ㅡ	ㅣ	ㅑ	ㅕ	ㅛ	ㅠ

자음자와 모음자를 합하여 글자를 만들고 바르게 글씨를 써 보세요.
완성한 글자를 큰 소리로 읽어 보세요.

모음자 / 자음자	ㅏ	ㅑ	ㅓ	ㅕ	ㅗ	ㅛ	ㅜ	ㅠ
ㄱ	가	갸	거	겨	고	교	구	규
ㄴ	나	냐	너	녀	노	뇨	누	뉴
ㄷ	다	댜	더	뎌	도	됴	두	듀
ㄹ	라	랴	러	려	로	료	루	류
ㅁ	마	먀	머	며	모	묘	무	뮤

자음자와 모음자를 합하여 글자를 만들고 바르게 글씨를 써 보세요.
완성한 글자를 큰 소리로 읽어 보세요.

✽ 국어, 국어활동1-2 전권

모음자 / 자음자	ㅏ	ㅑ	ㅓ	ㅕ	ㅗ	ㅛ	ㅜ	ㅠ
ㅂ	바	뱌	버	벼	보	뵤	부	뷰
(고양이)								
ㅅ	사	샤	서	셔	소	쇼	수	슈
(개미)								
ㅇ	아	야	어	여	오	요	우	유
(토끼)								
ㅈ	자	쟈	저	져	조	죠	주	쥬
(쥐)								
ㅊ	차	챠	처	쳐	초	쵸	추	츄
(곰)								
(고양이)								

자음자와 모음자를 합하여 글자를 만들고 바르게 글씨를 써 보세요.
완성한 글자를 큰 소리로 읽어 보세요.

❋ 국어, 국어활동1-2 전권

모음자 / 자음자	ㅏ	ㅑ	ㅓ	ㅕ	ㅗ	ㅛ	ㅜ	ㅠ
ㅋ	카	캬	커	켜	코	쿄	쿠	큐
(토끼)								
ㅌ	타	탸	터	텨	토	툐	투	튜
(고양이)								
(개구리)								
ㅍ	파	퍄	퍼	펴	포	표	푸	퓨
(고양이)								
(개미)								
ㅎ	하	햐	허	혀	호	효	후	휴
(쥐)								
(곰)								

자음자와 모음자를 합하여 글자를 만들어 빈칸에 써 보세요.
완성한 글자를 큰 소리로 읽어 보세요.

✱ 국어, 국어활동1-2 전권

모음자 자음자	ㅏ	ㅑ	ㅓ	ㅕ	ㅗ	ㅛ	ㅜ	ㅠ	ㅡ	ㅣ
ㄱ										
ㄴ										
ㄷ										
ㄹ										
ㅁ										
ㅂ										
ㅅ										
ㅇ										
ㅈ										
ㅊ										
ㅋ										
ㅌ										
ㅍ										
ㅎ										

반침 없는 글자에 자음자를 합하여 받침 있는 글자를 만들고,
쓰는 순서에 맞게 바르게 써 보세요.

✳ 국어, 국어활동1-2 전권

자음자 / 글자	ㄱ	ㄴ	ㄷ	ㄹ	ㅁ	ㅂ	ㅅ	ㅇ
가	각	간	갇	갈	감	갑	갓	강
	각	간	갇	갈	감	갑	갓	강
나	낙	난	낟	날	남	납	낫	낭
	낙	난	낟	날	남	납	낫	낭
다	닥	단	닫	달	담	답	닷	당
	닥	단	닫	달	담	답	닷	당

받침 없는 글자에 자음자를 합하여 받침 있는 글자를 만들고,
쓰는 순서에 맞게 바르게 써 보세요.

＊ 국어, 국어활동1-2 전권

자음자 / 글 자	ㅈ	ㅊ	ㅌ	ㅍ	ㅎ	ㅂ	ㅊ	ㅎ
가	갖	갗	같	값	갛	갑	갗	갛
	갖	갗	같	값	갛	갑	갗	갛
나	낮	낯	낱		낭	납	낯	낭
	낮	낯	낱		낭	납	낯	낭
다	닺	닻			당	답	닻	당
	닺	닻			당	답	닻	당

다음 낱말을 큰 소리로 읽으며 ㄱ, ㄲ, ㅋ 소리를 비교해 보고,
바르게 써 보세요.

✻ 국어활동1-2 글씨 쓰기

고 리	꼬 리	코 끼 리	꿩	콩
고 리	꼬 리	코 끼 리	꿩	콩
고 리	꼬 리	코 끼 리	꿩	콩

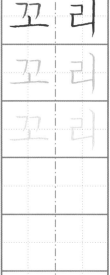 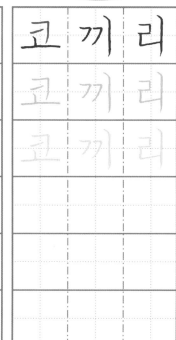

감	까 마 귀	칼	꿈	컴 퓨 터
감	까 마 귀	칼	꿈	컴 퓨 터
감	까 마 귀	칼	꿈	컴 퓨 터

다음 낱말을 큰 소리로 읽으며 ㄱ, ㄲ, ㅋ 소리를 비교해 보고, 바르게 써 보세요.

✽ 국어활동1-2 글씨 쓰기

| 가을 | 거북 | 고장 | 구두 | 곰 |

| 까만 | 미끄럼틀 | 깨끗한 | 꾹 |

| 크다 | 코뿔소 | 크롱 | 키다리 |

다음 낱말을 큰 소리로 읽으며 ㄷ, ㄸ, ㅌ 소리를 비교해 보고,
바르게 써 보세요.

달	딸	탈	도 라 지	똥	토 끼
달	딸	탈	도 라 지	똥	토 끼
달	딸	탈	도 라 지	똥	토 끼

다 리 미	따 오 기	태 극 기
다 리 미	따 오 기	태 극 기
다 리 미	따 오 기	태 극 기

다 리	도 토 리	돌	두 꺼 비

따 갑 다	따 뜻 한	딸 기	또 래

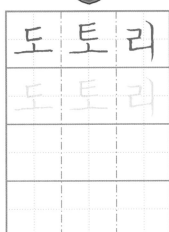 

태 권 도	토 마 토	깃 털	밤 톨

다음 낱말을 큰 소리로 읽으며 ㅂ, ㅃ, ㅍ 소리를 비교해 보고,
바르게 써 보세요.

✱ 국어활동1-2 글씨 쓰기

바 지	빠 르 다	파 도	방	빵
바 지	빠 르 다	파 도	방	빵
바 지	빠 르 다	파 도	방	빵

불	뿔	풀	부 채	뿌 리	푸 딩
불	뿔	풀	부 채	뿌 리	푸 딩
불	뿔	풀	부 채	뿌 리	푸 딩

바다	배추	보리	비둘기
바다	배추	보리	비둘기

 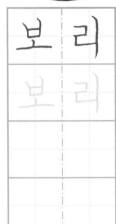

오빠	빨리	뺨	손뼉	삐끗
랄썩	빨리	뺨	손뼉	삐끗

파랗다	파리	풀꽃	피리
파랗다	파리	풀꽃	피리

다음 낱말을 큰 소리로 읽으며 ㅈ, ㅉ, ㅊ 소리를 비교해 보고,
바르게 써 보세요.

✽ 국어활동1-2 글씨 쓰기

너, 설거지
했지?

양치질도
못 했을걸.

설	거	지	찌	꺼	기	양	치	질	초
설	거	지	찌	꺼	기	양	치	질	초
설	거	지	찌	꺼	기	양	치	질	초

덥	적	덥	적	펄	쩍	펄	쩍	청	룡
덥	적	덥	적	펄	쩍	펄	쩍	청	룡
덥	적	덥	적	펄	쩍	펄	쩍	청	룡

다음 낱말을 큰 소리로 읽으며 ㅈ,ㄲ,ㅊ 소리를 비교해 보고, 바르게 써 보세요.

✽ 국어활동1-2 글씨 쓰기

자 유	제 법	조 심	주 사 위

짝 꿍	깜 짝	번 쩍	반 쪽	찌 개

괜 찮 아	근 처	추 위	축 구

| 사 진 | 설 거 지 | 세 수 | 소 리 |

| 수 리 | 시 간 | 싸 움 | 쌔 근 쌔 근 |

| 쓰 고 | 말 씀 | 씨 앗 | 씨 름 | 훨 씬 |

받침 ㄲ, ㅆ을 잘 살펴보며 다음 낱말을 바르게 써 보세요.
그리고 낱말을 큰 소리로 읽어 보세요.

✱ 국어활동1-2 글씨 쓰기

밖	에	서
밖	에	서

깎	았	다
깎	았	다

주	겠	어	요
주	겠	어	요

있	다
있	다

재	미	있	다
재	미	있	다

만	들	었	다
만	들	었	다

가	졌	다
가	졌	다

떡	볶	이
떡	볶	이

끄	덕	였	다
끄	덕	였	다

짝이 이룬 낱말을 바르게 쓰고 큰 소리로 읽으면서 서로 비교해 보세요.

공	콩		자	차		비	피

발	팔		종	총		조	초

동시 '발가락'을 리듬을 살려 읽어 보고,
다음을 바르게 써 보세요.

✽ 국어 1-2가 12~14쪽

발	가	락
발	가	락

예	쁘	다
예	쁘	다

심	심	할		때	면
심	심	할		때	면

저	희	끼	리
저	희	끼	리

꼼	질	꼼	질
꼼	질	꼼	질

서	로	서	로
서	로	서	로

꼼	질
꼼	질

다음을 바르게 쓰고 큰 소리로 읽어 보세요. 발가락을 보고
떠오르는 장면을 재미있게 이야기해 보세요.

※ 국어 1-2가 15쪽

열 개의 발가락은 뭐

든지 될 수 있어요.

바다의 섬들도 될 수

있어요.

다음을 바르게 쓰고 큰 소리로 읽어 보세요.
'돌잡이'에 대하여 자유롭게 이야기해 보세요.

※ 국어 1-2가 16~19쪽

우리 조상들은 아기의

첫 번째 생일에 돌잔치

를 했습니다. 돌잔치에서

는 음식을 나누어 먹고

다음을 바르게 쓰고 큰 소리로 읽어 보세요.
'돌잡이'에 대하여 자유롭게 이야기해 보세요.

✳ 국어 1-2가 16~19쪽

돌잡이도 했습니다. 돌잡

이는 아기가 여러 가지

물건 가운데에서 한두

개를 잡는 것입니다.

우리 조상들은 돌잔치

를 하면서 아기가 건강

하고 행복하게 자라기를

바랐습니다.

낱말의 받침을 잘 살펴보며 다음을 바르게 쓰세요.
그리고 큰 소리로 읽어 보세요.

✻ 국어 1-2가 20~23쪽

낚시를 해요.

낚시를 해요.

물고기는 맛있어요.

물고기는 맛있어요.

잠을 잤다.

잠을 잤다.

책상을 닦는다.

책상을 닦는다.

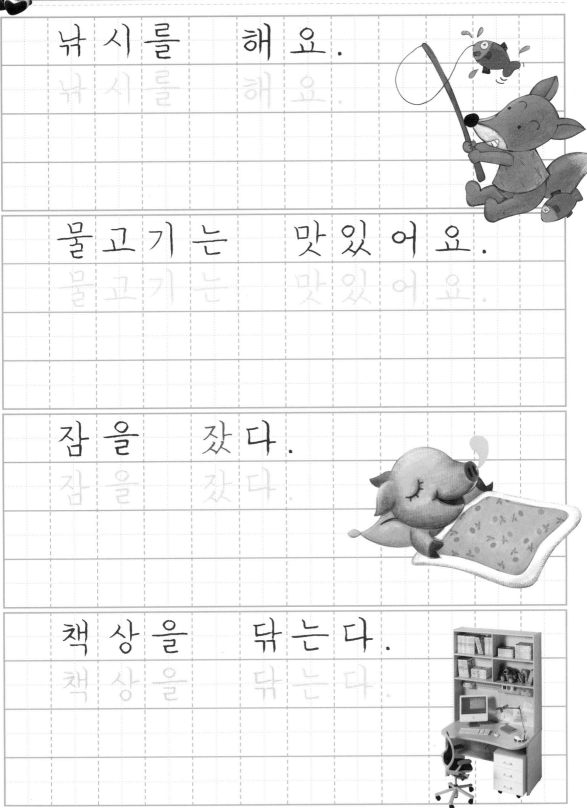

낱말의 받침을 잘 살펴보며 다음을 바르게 쓰세요.
그리고 큰 소리로 읽어 보세요.

✿ 국어 1-2가 20~23쪽

구슬이 있다.

가방을 샀다.

이를 닦았다.

학교에 갔다.

낱말의 받침을 잘 살펴보며 다음을 바르게 쓰세요.
그리고 큰 소리로 읽어 보세요.

✱ 국어 1-2가 20~23쪽

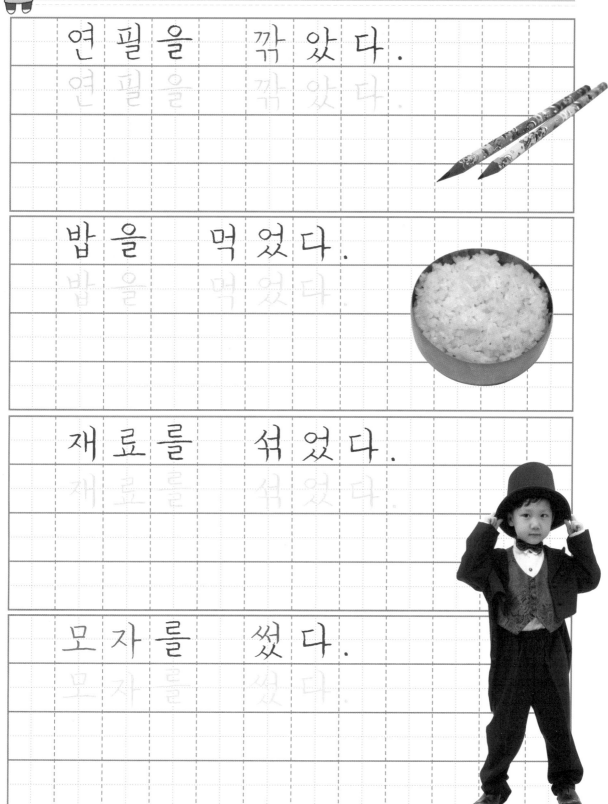

연필을 깎았다.

밥을 먹었다.

재료를 섞었다.

모자를 썼다.

다음의 책 제목을 바르게 쓰고 또박또박 읽어 보세요.
여러분이 좋아하는 책의 제목을 이야기해 보세요.

✽ 국어 1-2가 24~33쪽

어린이 동시집

어린이 동시집

팥죽 할머니와 호랑이

팥죽 할머니와 호랑이

우주 과학

우주 과학

공룡 그림책

공룡 그림책

다음을 바르게 쓰고 큰 소리로 읽어 보세요.
여러분이 좋아하는 책에 대해 자유롭게 이야기해 보세요.

❋ 국어 1-2가 24~33쪽

소	중	한		책
소	중	한		책

제	목
제	목

그	림	자
그	림	자

흥	부	와		놀	부
흥	부	와		놀	부

그	림
그	림

장	면
장	면

나	는		책	이		좋	아	요	.
나	는		책	이		좋	아	요	.

다음을 바르게 쓰고 큰 소리로 읽어 보세요.
그리고 지구가 아픈 까닭에 대하여 이야기해 보세요.

✽ 국어 활동1-2 6~7쪽

사람들이 전기를 아껴

사람들이 전기를 아껴

쓰지 않아서

쓰지 않아서

사람들이 쓰레기를 함

사람들이 쓰레기를 함

부로 버려서

부로 버려서

튼튼이치과

튼튼이치과

사랑빵집

사랑빵집

매일매일통닭

매일매일통닭

예쁜옷집

예쁜옷집

손을 깨끗이 씻읍시다

손을 깨끗이 씻읍시다

다음을 바르게 쓰고 실감 나게 읽어 보세요.
그리고 흉내 내는 말을 찾아보세요.

국어활동1-2 10~11쪽

달	이		두	둥	실		떠		있	습
달	이		두	둥	실		떠		있	습

니	다	.
니	다	.

아	기	가		앙	앙		웁	니	다	.
아	기	가		앙	앙		웁	니	다	.

다음을 바르게 쓰고 실감 나게 읽어 보세요.
그리고 흉내 내는 말을 찾아보세요.

✱ 국어활동1-2 10~11쪽

호랑이가 납작 엎드립

니다.

도둑이 살금살금 내려

옵니다.

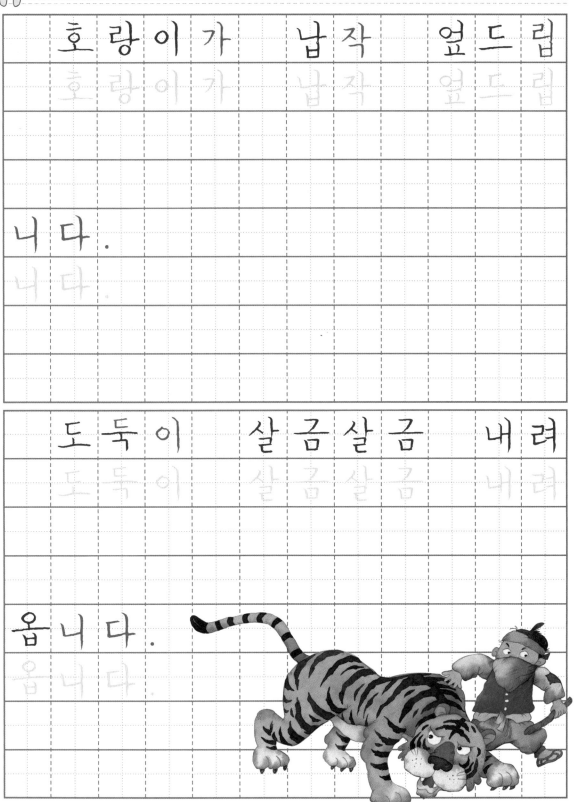

삐	악	삐	악
삐	악	삐	악
삐	악	삐	악

어	흥	어	흥
어	흥	어	흥
어	흥	어	흥

짹	짹
짹	짹
짹	짹

개	굴	개	굴
개	굴	개	굴
개	굴	개	굴

야	옹	야	옹
야	옹	야	옹
야	옹	야	옹

꽥	꽥
꽥	꽥
꽥	꽥

소리와 모양을 흉내 내는 말을 바르게 써 보세요.
그리고 흉내 내는 말을 실감 나게 흉내 내어 보세요.

✱ 국어, 국어활동1-2 2단원

퐁	당	퐁	당
퐁	당	퐁	당
퐁	당	퐁	당

부	르	릉	부	르	릉
부	르	릉	부	르	릉
부	르	릉	부	르	릉

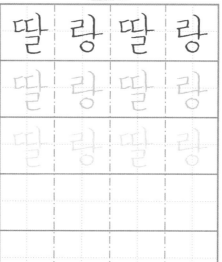

삐	뽀	삐	뽀
삐	뽀	삐	뽀
삐	뽀	삐	뽀

딸	랑	딸	랑
딸	랑	딸	랑
딸	랑	딸	랑

멍	멍
멍	멍
멍	멍

소리와 모양을 흉내 내는 말을 바르게 써 보세요.
그리고 흉내 내는 말을 실감 나게 흉내 내어 보세요.

✳ 국어, 국어활동1-2 2단원

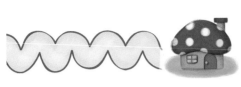

꼬	불	꼬	불
꼬	불	꼬	불
꼬	불	꼬	불

뒤	뚱	뒤	뚱
뒤	뚱	뒤	뚱
뒤	뚱	뒤	뚱

둥	둥
둥	둥
둥	둥

폴	짝	폴	짝
폴	짝	폴	짝
폴	짝	폴	짝

나	풀	나	풀
나	풀	나	풀
나	풀	나	풀

톡	톡
톡	톡
톡	톡

소리와 모양을 흉내 내는 말을 바르게 써 보세요.
그리고 흉내 내는 말을 실감 나게 흉내 내어 보세요.

흔	들	흔	들
흔	들	흔	들
흔	들	흔	들

주	렁	주	렁
주	렁	주	렁
주	렁	주	렁

휘	휘
휘	휘
휘	휘

데	굴	데	굴
데	굴	데	굴
데	굴	데	굴

반	짝	반	짝
반	짝	반	짝
반	짝	반	짝

툭	툭
툭	툭
툭	툭

❶-2 2단원 소리와 모양을 흉내 내요 47

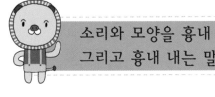

소리와 모양을 흉내 내는 말을 바르게 써 보세요.
그리고 흉내 내는 말을 실감 나게 흉내 내어 보세요.

✽ 국어, 국어활동1-2 2단원

깜빡깜빡 졸다

깜	빡	깜	빡
깜	빡	깜	빡
깜	빡	깜	빡

쌔근쌔근 잠들다

쌔	근	쌔	근
쌔	근	쌔	근
쌔	근	쌔	근

퍽퍽 퍼내다

퍽	퍽
퍽	퍽
퍽	퍽

싱글벙글 웃다

싱	글	벙	글
싱	글	벙	글
싱	글	벙	글

새록새록 생각나다

새	록	새	록
새	록	새	록
새	록	새	록

바람이 솔솔 불다

솔	솔
솔	솔
솔	솔

소리와 모양을 흉내 내는 말을 바르게 써 보세요.
그리고 흉내 내는 말을 실감 나게 흉내 내어 보세요.

 국어, 국어활동1-2 2단원

눈이 스르르르 감기다

스	르	르	르
스	르	르	르
스	르	르	르

사뿐사뿐 걷다

사	뿐	사	뿐
사	뿐	사	뿐
사	뿐	사	뿐

끙끙 앓다

끙	끙
끙	끙
끙	끙

초롱초롱 눈을 뜨다

초	롱	초	롱
초	롱	초	롱
초	롱	초	롱

느릿느릿 기어가다

느	릿	느	릿
느	릿	느	릿
느	릿	느	릿

방귀를 붕붕 뀌다

붕	붕
붕	붕
붕	붕

소리와 모양을 흉내 내는 말을 바르게 써 보세요.
그리고 흉내 내는 말을 실감 나게 흉내 내어 보세요.

✽ 국어, 국어활동1-2 2단원

 뭉게뭉게 피어오르다   철벅철벅 바닷물을 가르다   북북 뜯다

뭉 게 뭉 게	철 벅 철 벅	북 북
뭉 게 뭉 게	철 벅 철 벅	북 북
뭉 게 뭉 게	철 벅 철 벅	북 북

 살금살금 걷다   펄쩍펄쩍 뛰다   졸졸 흐르다

살 금 살 금	펄 쩍 펄 쩍	졸 졸
살 금 살 금	펄 쩍 펄 쩍	졸 졸
살 금 살 금	펄 쩍 펄 쩍	졸 졸

소리와 모양을 흉내 내는 말을 바르게 써 보세요.
그리고 흉내 내는 말을 실감 나게 흉내 내어 보세요.

 한들한들 흔들리다

한	들	한	들
한	들	한	들
한	들	한	들

덥적덥적 길을 가다

덥	적	덥	적
덥	적	덥	적
덥	적	덥	적

 엉엉 울다

엉	엉
엉	엉
엉	엉

쭈뼛쭈뼛 망설이다

쭈	뼛	쭈	뼛
쭈	뼛	쭈	뼛
쭈	뼛	쭈	뼛

꾀꼴꾀꼴 울다

꾀	꼴	꾀	꼴
꾀	꼴	꾀	꼴
꾀	꼴	꾀	꼴

깽깽 짖다

깽	깽
깽	깽
깽	깽

소리와 모양을 흉내 내는 말을 바르게 써 보세요.
그리고 흉내 내는 말을 실감 나게 흉내 내어 보세요.

✱ 국어, 국어활동1-2 2단원

 코부터 **발름발름** 대답하지요.

발	름	발	름
발	름	발	름
발	름	발	름

 눈부터 **생글생글** 대답하지요.

생	글	생	글
생	글	생	글
생	글	생	글

 방글방글 웃어요.

방	글	방	글
방	글	방	글
방	글	방	글

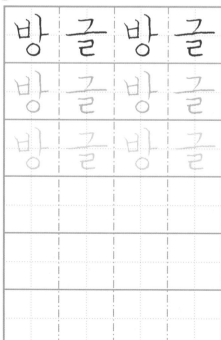 아장아장 걸어요.

아	장	아	장
아	장	아	장
아	장	아	장

소리와 모양을 흉내 내는 말을 바르게 써 보세요.
그리고 흉내 내는 말을 실감 나게 흉내 내어 보세요.

※ 국어, 국어활동1-2 2단원

🐻 꾸벅꾸벅 졸다

꾸	벅	꾸	벅
꾸	벅	꾸	벅
꾸	벅	꾸	벅

🐰 바들바들 떨다

바	들	바	들
바	들	바	들
바	들	바	들

🐷 벌벌 떨다

벌	벌
벌	벌
벌	벌

🐌 가슴이 콩닥콩닥 뛰다

콩	닥	콩	닥
콩	닥	콩	닥
콩	닥	콩	닥

🐹 얼음이 꽁꽁 얼다

꽁	꽁
꽁	꽁
꽁	꽁

🐭 조르르 달려가다

조	르	르
조	르	르
조	르	르

소리와 모양을 흉내 내는 말을 바르게 써 보세요.
그리고 흉내 내는 말을 실감 나게 흉내 내어 보세요.

✱ 국어, 국어활동1-2 2단원

 송알송알 싸리잎에 은구슬

송	알	송	알
송	알	송	알
송	알	송	알

 조롱조롱 거미줄에 옥구슬

조	롱	조	롱
조	롱	조	롱
조	롱	조	롱

 빗방울이 **대롱대롱**

대	롱	대	롱
대	롱	대	롱
대	롱	대	롱

 별이 **총총**

총	총
총	총
총	총

 방긋 웃는 꽃잎마다 **송송송**

송	송	송
송	송	송
송	송	송

소리와 모양을 흉내 내는 말을 바르게 써 보세요.
그리고 흉내 내는 말을 실감 나게 흉내 내어 보세요.

✱ 국어, 국어활동1-2 2단원

 타박타박 걸어오다

타	박	타	박
타	박	타	박
타	박	타	박

깡충깡충 뛰어오다

깡	충	깡	충
깡	충	깡	충
깡	충	깡	충

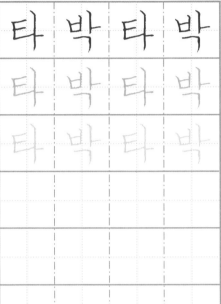

 배틀배틀 쓰러지다

배	틀	배	틀
배	틀	배	틀
배	틀	배	틀

엉금엉금 기어오다

엉	금	엉	금
엉	금	엉	금
엉	금	엉	금

우리 가족은 공원에

갔다. 단풍이 울긋불긋

예쁘게 물들어 있었다.

고추잠자리가 윙윙 날아

다니고 우리 강아지도

신이 나서 멍멍 짖었다.

동생도 깔깔 웃으며 이

리저리 뛰어다녔다.

나는 모래 놀이터에

앉아서 친구와 놀았다.

우리는 모래성을 많이

쌓았다.

‘ㄲ’ ‘ㄳ’ 받침이 있는 낱말을 바르게 쓰고,
발음에 주의하며 큰 소리로 읽어 보세요.

✱ 국어1-2 52~55, 국어활동1-2 15~18쪽

떡볶이	볶음밥	닭다	꺾다
떡볶이	볶음밥	닭다	꺾다

뜻밖에	창밖	겪은	깎다
뜻밖에	창밖	겪은	깎다

묶다	섞다	품삯	몫이
묶다	섞다	품삯	몫이

예쁘게
써 봐야지.

에휴~ 읽기도
힘드네.

| 앉 | 히 | 다 | | 앉 | 은 | 뱅 | 이 | 꽃 | | 엱 | 다 |

| 많 | 다 | | 괜 | 찮 | 니 | | 힘 | 들 | 잖 | 아 | 요 |

| 얽 | 히 | 다 | | 읽 | 다 | | 흙 | | 굵 | 다 | 란 |

받침이 너무
어려운걸.

토끼 년
잘할 수 있어!

맑	다

늙	다

낡	다

까	닭

닭

굶	주	리	다

삶	다

옮	기	다

얇	다

넓	다

짧	다

밟	다

여	덟

그 림 자 밟 기

핥 다

훑 다

옳 다

잃 어 버 리 다

끓 다

값

없 다

없 애 다

가 엾 어

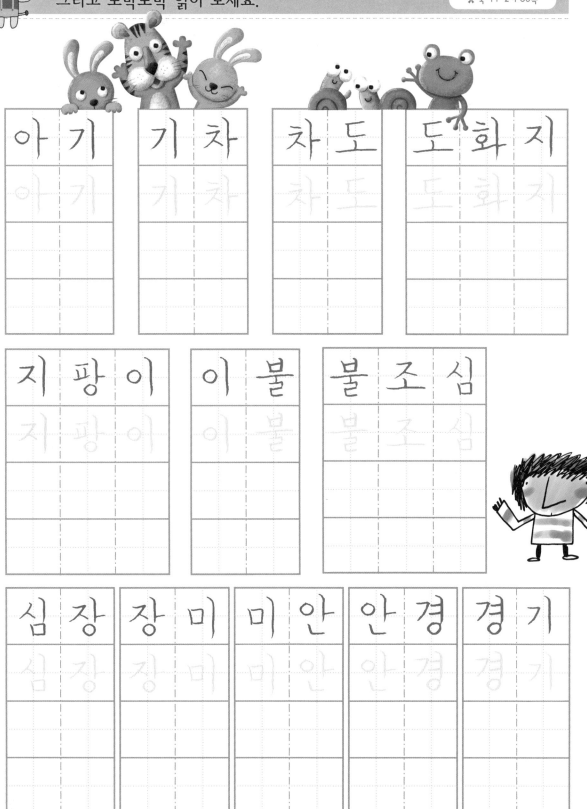

아 기	기 차	차 도	도 화 지
아 기	기 차	차 도	도 화 지

지 팡 이	이 불	불 조 심
지 팡 이	이 불	불 조 심

심 장	장 미	미 안	안 경	경 기
심 장	장 미	미 안	안 경	경 기

끝말잇기를 하며 다음을 바르게 쓰세요.
그리고 또박또박 읽어 보세요.

✳ 국어 1-2가 57쪽

엉금엉금

금요일

일기장

방글방글

글자

자두

사과

과자

자전거

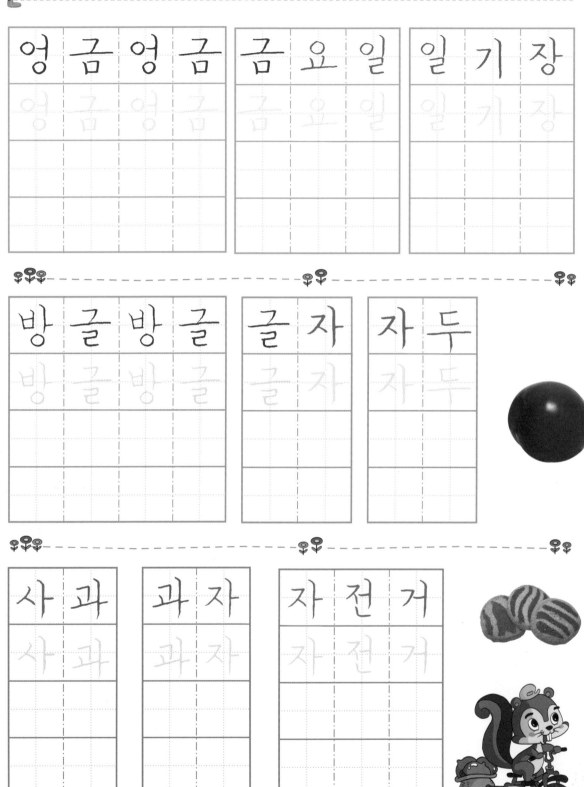

단 풍	풍 선	선 물	물 고 기

기 둥	둥 지	지 도	도 깨 비

비 누	누 나	나 팔 꽃	꽃 밭

의자에 앉았습니다.

의자에 앉았습니다.

하늘이 맑습니다.

하늘이 맑습니다.

친구가 많습니다.

친구가 많습니다.

이를 닦았습니다.

이를 닦았습니다.

어머니께서 볶음밥을

만들어 주셨습니다.

아버지께서 달걀을 삶

아 주셨습니다.

남 자 아 이 들 이   만 세 를

부 릅 니 다 .

친 구 들 이   달 릴   준 비 를

합 니 다 .

다음을 바르게 쓰고 큰 소리로 읽어 보세요.
생각을 문장으로 나타내는 방법에 대하여 알아보세요.

줄 넘 기 를 하 다 넘 어 졌

습 니 다 .

친 구 들 이 열 심 히 응 원

합 니 다 .

다음을 바르게 쓰고 리듬을 살려 읽어 보세요.
어떤 문장 부호가 쓰였는지 잘 살펴보세요.

✽ 국어 1-2가 66~67쪽

마술사가 공연을 시작

마술사가 공연을 시작

했습니다.

했습니다.

'어떤 마술을 보여

'어떤 마술을 보여

줄까?'

줄까?'

다음을 바르게 쓰고 리듬을 살려 읽어 보세요.
어떤 문장 부호가 쓰였는지 잘 살펴보세요.

✿ 국어 1-2가 66~67쪽

우 리 는   궁 금 했 습 니 다 .

" 모 자   속 에   무 엇 이

들 어   있 을 까 요 ? "

펑 !

문장 부호의 이름과 쓰임을 정확히 알아보세요.
그리고 다음을 바르게 써 보세요.

✱ 국어, 국어활동1-2 3단원

. (마침표, 온점) 설명하는 문장 끝에 씁니다. 쉼표보다 조금 길게 띄어 읽습니다.

마	침	표	.	.	.	.	.	.	.	.
마	침	표								
			.							

, (쉼표, 반점) 부르는 말이나 대답하는 말 뒤에 씁니다. 마침표보다 조금 짧게 띄어 읽습니다.

쉼	표	,	,	,	,	,	,	,	,	,
쉼	표	,								
		,								

! (느낌표) 느낌을 나타내는 문장 끝에 씁니다. 마침표와 같이 조금 길게 띄어 읽되, 느낌을 살려 읽습니다.

느	낌	표	!	!	!	!	!	!	!	!
느	낌	표	!							
			!							

? (물음표) 묻는 문장 끝에 씁니다. 마침표과 같이 조금 길게 띄어 읽되, 끝을 올려 읽습니다.

물	음	표	?	?	?	?	?	?	?	?
물	음	표	?							
			?							

문장 부호의 이름과 쓰임을 정확히 알아보세요.
그리고 다음을 바르게 써 보세요.

 " " **(큰따옴표)** 인물이 소리 내어 한 말을 적을 때 씁니다.

큰	따	옴	표	"	"	"	"	"	"	"	"
큰	따	옴	표	"	"	"	"	"	"	"	"

 ' ' **(작은따옴표)** 인물이 마음속으로 한 말을 적을 때 씁니다.

작	은	따	옴	표	'	'	'	'	'	'	'	'
작	은	따	옴	표	'	'	'	'	'	'	'	'

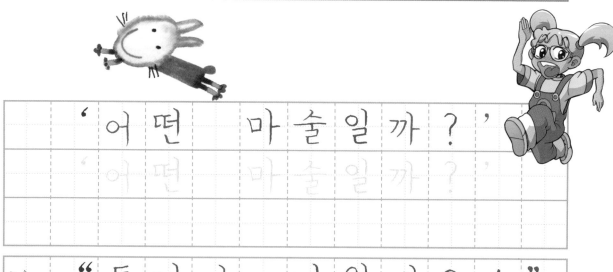

'	어	떤		마	술	일	까	?	'
'	어	떤		마	술	일	까	?	'

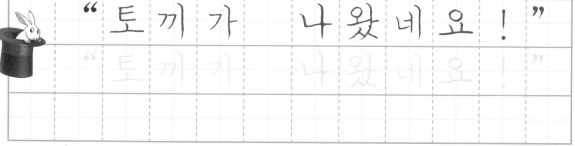

"	토	끼	가		나	왔	네	요	!	"
"	토	끼	가		나	왔	네	요	!	"

"집에 가서 뭐 할

거야?"

"동화책 읽을 거야.

재미있겠지?"

문장 부호의 쓰임을 생각하며 다음을 바르게 쓰세요.
그리고 실감 나게 읽어 보세요.

✿ 국어활동 1-2 22~24쪽

"그것이 무엇이냐?"

"이건 떡입니다."

"그래, 맛있는지 한번

먹어 볼까?"

맑은 가을 하늘에 잠

자리가 날아다닙니다. 잠

자리의 배는 굵은 나뭇

가지를 닮았습니다.

동물의 이름을 바르게 쓰고 큰 소리로 읽어 보세요.
영어 이름도 정확히 익히세요.

lion [láiən] 라이언

사	자
사	자
사	자

monkey [mʌ́ŋki] 멍키

원	숭	이
원	숭	이
원	숭	이

giraffe [dʒərǽf] 저래프

기	린
기	린
기	린

crocodile
[krákədàil] 크라커다일

악	어
악	어
악	어

elephant [éləfənt] 엘러펀트

코	끼	리
코	끼	리
코	끼	리

tiger [táigər] 타이거

호	랑	이
호	랑	이
호	랑	이

dragonfly [drǽgənflài] 드래건플라이

잠	자	리
잠	자	리
잠	자	리

다음을 바르게 쓰고 큰 소리로 읽어 보세요.
그리고 여러분의 꿈을 자유롭게 이야기해 보세요.

✽ 국어 1-2가 106~107쪽

내 꿈은 요리사입니다.

세계 여러 나라의 음식

에 대해 공부할 것입니

다. 많은 사람에게 맛있

는 음식을 만들어 주고

싶습니다. 내가 만든 요

리를 먹고 많은 사람이

행복해졌으면 좋겠습니다.

세계 여러 나라의 이름을 바르게 쓰고 읽어 보세요.
각 나라에 대해 자유롭게 이야기해 보세요.

※ 국어 1-2가 106~107쪽

Korea [kərí:ə] 커리이어

Mexico [méksəkòu] 멕서코우

Greece [grí:s] 그리이스

대 한 민 국

멕 시 코

그 리 스

Japan [dʒəpǽn] 저팬

China [tʃáinə] 차이너

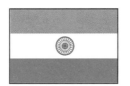

India [índiə] 인디어

Philippines [fíləpì:nz] 필러피인즈

일 본

중 국

인 도

필 리 핀

세계 여러 나라의 이름을 바르게 쓰고 읽어 보세요.
각 나라에 대해 자유롭게 이야기해 보세요.

✳ 국어 1-2가 106~107쪽

France [frǽns] 프랜스

America [əmérikə] 어메리커

England [íŋglənd] 잉글런드

Germany [dʒə́ːrməni] 저어머니

프	랑	스
프	랑	스
프	랑	스

미	국
미	국
미	국

영	국
영	국
영	국

독	일
독	일
독	일

Italy [ítəli] 이털리

Russia [rʌ́ʃə] 러셔

Canada [kǽnədə] 캐너더

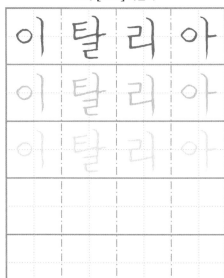

이	탈	리	아
이	탈	리	아
이	탈	리	아

러	시	아
러	시	아
러	시	아

캐	나	다
캐	나	다
캐	나	다

✳미국의 정식 이름은 United States of America,
영국의 정식 이름은 United Kingdom입니다.

콩	한	알
콩	한	알

생	신	선	물
생	신	선	물

꿩
꿩

마	침	내
마	침	내

미	끼
미	끼

어	여	쁜
어	여	쁜

함	박	웃	음
함	박	웃	음

작	디	작	은
작	디	작	은

깜	짝
깜	짝

동물의 어버이와 새끼를 부르는 이름이 다른 동물들이 있어요.
다음을 바르게 쓰면서 알아보세요.

✻ 국어 1-2가 108~113쪽

닭	병	아	리
닭	병	아	리
닭	병	아	리

chicken
[tʃíkən] 치컨

chick [tʃík] 칙

소	송	아	지
소	송	아	지
소	송	아	지

cattle
[kǽtl] 캐틀

calf [kǽf] 캐프

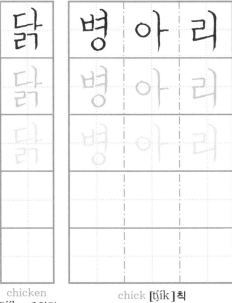

말	망	아	지
말	망	아	지
말	망	아	지

horse
[hɔ́ːrs] 호오스

foal [fóul] 포울

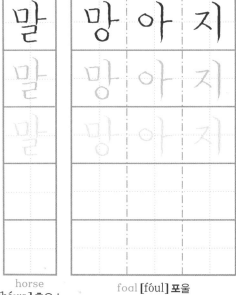

개	강	아	지
개	강	아	지
개	강	아	지

dog
[dɔ́ːg] 도오그

puppy [pʌ́pi] 퍼피

*암소, 특히 젖소는 cow, 황소(수소)는 ox 또는 bull이라고도 해요.

83

다음 낱말을 바르게 쓰고 또박또박 읽어 보세요.
현장 체험학습 때 지켜야 할 일에 대해 이야기해 보세요.

✽ 국어활동1-2 30~31쪽

내	일
내	일

수	목	원
수	목	원

현	장
현	장

체	험
체	험

나	무
나	무

과	자
과	자

꽃
꽃

통
통

물
물

봉	지	째
봉	지	째

돗	자	리
돗	자	리

쓰	레	기
쓰	레	기

양	복
양	복

구	두
구	두

발	코
발	코

수	염
수	염

아	침	마	다
아	침	마	다

밀	가	루
밀	가	루

반	죽
반	죽

주	전	자
주	전	자

회	사
회	사

돈	땀
돈	땀

신	문
신	문

밥을 잘 먹어요.
밥을 잘 먹어요.

아침에 일찍 일어나요.
아침에 일찍 일어나요.

동물 흉내를 잘 낼
동물 흉내를 잘 낼

수 있어요.
수 있어요.

아라비아 숫자를 바르게 쓰고 또박또박 읽어 보세요.
교과서에서 아라비아 숫자를 찾아보세요.

✷ 국어, 국어활동1-2 전권

1	2	3	4	5	6
1	2	3	4	5	6

7	8	9	10	20	30
7	8	9	10	20	30

40	50	60	70	80	90
40	50	60	70	80	90

100	1000	15	26	37
100	1000	15	26	37

*두 자 이상의 아라비아 숫자는 한 칸에 두 자씩 넣어요.

"냄새 맡은 값이라니

요?"

"냄새를 맡은 것도

국밥을 먹은 것이나

알맞은 목소리로 '냄새 맡은 값'을 읽어 보고,
다음을 바르게 써 보세요.

※ 국어활동 1-2가 54~57쪽

마찬가지야."

최   서방은   돈주머니를

꺼내어   구두쇠   영감의

귀에   대고   흔들었어요.

'똑같아요' 노래를 들어 보고 다음을 바르게 써 보세요.
그리고 리듬을 살려 즐겁게 읽어 보세요.

✳ 국어 1-2가 120~123쪽

무엇이 무엇이 똑같은가

양말 두 짝이 똑같아요

무엇이 무엇이 똑같은가

장갑 두 짝이 똑같아요

'똑같아요' 노래를 들어 보고 다음을 바르게 써 보세요.
그리고 재미있게 노랫말을 바꾸어 보세요.

❋ 국어 1-2가 120~123쪽

윷	가	락		네		짝
윷	가	락		네		짝

젓	가	락		두		짝
젓	가	락		두		짝

운	동	화		두		짝
운	동	화		두		짝

수를 나타내는 말을 쓰는 순서에 맞게 바르게 써 보세요.
큰 소리로 읽고, 아라비아 숫자로 나타내 보세요.

✳ 국어, 국어활동 1-2가 전권

하나 둘 셋 넷 다섯

하나 둘 셋 넷 다섯

여섯 일곱 여덟 아홉

여섯 일곱 여덟 아홉

열 스물 서른 마흔 쉰

열 스물 서른 마흔 쉰

예순 일흔 여든 아흔

예순 일흔 여든 아흔

수를 나타내는 말을 쓰는 순서에 맞게 바르게 써 보세요.
큰 소리로 읽고, 아라비아 숫자로 나타내 보세요.

✱ 국어, 국어활동 1-2가 전권

일 이 삼 사 오 육

칠 팔 구 십 이십

삼십 사십 오십 육십

칠십 팔십 구십 백 천

뚜, 뚜. 나팔꽃이 일어

나래요.

똑, 똑. 아침 이슬이

세수하래요.

알맞은 목소리로 느낌을 살려 동시 '아침'을 읽고,
다음을 바르게 써 보세요.

방긋, 방긋. 아침 해가

노래하재요.

뚜뚜	똑똑	방긋방긋	아침

해님이
방긋방긋
웃고 있어.

정말
그런데!

❶-2 5단원 알맞은 목소리로 읽어요 95

알맞은 목소리로 '슬퍼하는 나무'를 읽은 다음,
다음을 바르게 쓰고 읽어 보세요.

＊ 국어1-2가 132~137쪽

내가 가져갈 새끼 새

가 모두 어디 갔니?

나는 너 때문에 좋은

친구 모두 잃어버렸어.

❶ - 2 6~10단원

6단원 고운 말을 해요
들으면 기분이 좋아지는 고운 말 쓰기

7단원 무엇이 중요할까요
중요한 내용을 확인하며 글을 읽고 제목 붙이기

8단원 띄어 읽어요
무엇을 설명하는지 생각하며 글을 바르게 띄어 읽기

9단원 겪은 일을 글로 써요
겪은 일이 잘 드러나게 말하고 쓰기

10단원 인물의 말과 행동을 상상해요
인물의 말과 행동을 떠올리며 이야기 즐기기

먼저　지나가세요 !

고맙습니다. 다음에는

제가　꼭　양보할게요.

노래　참　잘한다 !

다음을 바르게 쓰고 큰 소리로 읽어 보세요.
고운 말을 쓰면 어떤 점이 좋을지 이야기해 보세요.

✻ 국어 1-2나 150~161쪽

잘할 수 있어. 힘내!

잘할 수 있어. 힘내!

나무님, 정말 감사해요!

나무님, 정말 감사해요!

친구들아, 정말 반가워!

친구들아, 정말 반가워!

달콤 박쥐야, 고마워!

달콤 박쥐야, 고마워!

여러 가지 운동의 이름을 바르게 쓰고 읽어 보세요.
영어 이름도 함께 익혀 보세요.

✲ 국어, 국어활동 1-2 전권

soccer[sάkər] 사커

축 구
축 구
축 구

table tennis
[téibl tènis] 테이블 테니스

탁 구
탁 구
탁 구

horse riding
[hɔ́ːrs ràidiŋ] 호오스 라이딩

승 마
승 마
승 마

cycling [sáikliŋ] 사이클링

사 이 클
사 이 클
사 이 클

baseball
[béisbɔ̀ːl] 베이스보올

야 구
야 구
야 구

volleyball
[válibɔ̀ːl] 발리보올

배 구
배 구
배 구

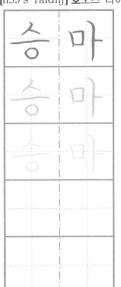

basketball
[bǽskitbɔ̀ːl] 배스킷보올

농 구
농 구
농 구

wrestling [résliŋ] 레슬링

레 슬 링
레 슬 링
레 슬 링

여러 가지 운동의 이름을 바르게 쓰고 읽어 보세요.
영어 이름도 함께 익혀 보세요.

✱ 국어, 국어활동 1-2 전권

fencing [fénsiŋ]
펜싱

weight lifting
[wéit lìftiŋ] 웨이트 리프팅

swimming [swímiŋ]
스위밍

high jump [hái dʒʌmp]
하이 점프

펜	싱	역	도	수	영	높	이	뛰	기
펜	싱	역	도	수	영	높	이	뛰	기
펜	싱	역	도	수	영	높	이	뛰	기

boxing [báksiŋ] 박싱

ski [skí:] 스키이

marathon [mǽrəθàn] 매러싼

handball [hǽndbɔ̀:l] 핸드보올

권	투	스	키	마	라	톤	핸	드	볼
권	투	스	키	마	라	톤	핸	드	볼
권	투	스	키	마	라	톤	핸	드	볼

잃어버린 줄 알았는데

찾아서 다행이다.

괜찮아. 다음에는 약속

시간 꼭 지켜 줘.

아저씨, 고맙습니다.

안녕하세요? 저는 김

민아입니다.

김민아
입니다.

안녕, 난 이찬호야. 함

께 공놀이하자.

glad [glǽd] 글래드

sad [sǽd] 새드

angry [ǽŋgri] 앵그리

기	쁘	다
기	쁘	다
기	쁘	다

슬	프	다
슬	프	다
슬	프	다

화	나	다
화	나	다
화	나	다

sorry [sɔ́:ri] 쏘오리

envy [énvi] 엔비

thank [θǽŋk] 쌩크

미	안	하	다
미	안	하	다
미	안	하	다

부	럽	다
부	럽	다
부	럽	다

고	맙	다
고	맙	다
고	맙	다

다음을 바르게 쓰고 큰 소리로 읽어 보세요.
고운 말로 인사하기 놀이를 해 보세요.

✳ 국어1-2나 170쪽

우리도
해 볼까?

좋아.
가위바위보!

도	착
도	착

시	작
시	작

가	위	바	위	보
가	위	바	위	보

제	자	리
제	자	리

기	분	짝
기	분	짝

고	운		말
고	운		말

장	면	놀	이		순	서	주	사	위
장	면	놀	이		순	서	주	사	위

도토리 삼 형제가 하

나, 둘, 셋.

거북이 아저씨랑 함께

놀아요.

나무를 잘 타요.

나무를 잘 타요.

꼬리가 있어요.

꼬리가 있어요.

줄무늬가 있어요.

줄무늬가 있어요.

나는 다람쥐예요.

나는 다람쥐예요.

다음을 바르게 쓰고 큰 소리로 읽어 보세요.
그리고 떠오르는 열매의 이름을 말해 보세요.

✼ 국어 1-2나 178쪽

나는 주황색이고 꾹지

나는 주황색이고 꾹지

가 있습니다.

가 있습니다.

나는 푹 익으면 물렁

나는 푹 익으면 물렁

물렁해집니다.

물렁해집니다.

108 글씨체 바로잡기와 받아쓰기

나를 깎아서 햇볕에

말려서 먹기도 합니다.

나는 어떤 열매일까요?

주황색 꼭지 햇볕 열매

어느 날, 개미가 강물

에 빠졌어요.

"누가 나 좀 도와 줘.

어푸어푸."

다음을 바르게 쓰고 리듬을 살려 읽어 보세요.
누가 무엇을 했는지 이야기해 보세요.

✽ 국어활동1-2 64~67쪽

비둘기가 　그 　소리를
비둘기가 　그 　소리를

듣고 　깜짝 　놀랐어요.
듣고 　깜짝 　놀랐어요.

비둘기는 　나뭇잎을 　따
비둘기는 　나뭇잎을 　따

서 　강물에 　떨어뜨렸어요.
서 　강물에 　떨어뜨렸어요.

"나와라, 소금!"

그러자 맷돌에서 하얀

소금이 쏟아져 나왔고,

점점 배 안에 쌓여 갔

어요. 배는 기우뚱기우뚱

하면서 가라앉기 시작했

어요.

도둑은 너무 놀라 '멈

춰라, 소금!' 이라는 말

을 잊어버렸어요.

반침에 주의하며 다음을 바르게 써 보세요.
그리고 '신나는 토요일'을 재미있게 읽어 보세요.

❋ 국어 1-2나 188~191쪽

기	다	리	던
기	다	리	던

토	요	일
토	요	일

아	침
아	침

놀	이	공	원
놀	이	공	원

드	디	어
드	디	어

차	례
차	례

오	르	락	내	리	락
오	르	락	내	리	락

회	전	목	마
회	전	목	마

껍	질
껍	질

쓰	레	기	통
쓰	레	기	통

음	식	물
음	식	물

손	발		씻	기
손	발		씻	기

마	지	막	으	로
마	지	막	으	로

바	나	나		먹	기
바	나	나		먹	기

깨	끗	이
깨	끗	이

추석은 온 가족이 모

이는 명절입니다. 곳곳에

사는 친척들이 고향 집

으로 옵니다.

추석을 대표하는 떡은

송편입니다. 솔잎을 깔고

떡을 찌기 때문에 송편

이라고 합니다.

민속놀이의 이름을 바르게 쓰고 읽어 보세요.
각 민속놀이에 대하여 알아보세요.

✽ 국어 1-2나 210~213쪽

연	날	리	기
연	날	리	기

널	뛰	기
널	뛰	기

윷	놀	이
윷	놀	이

팽	이	치	기
팽	이	치	기

비	사	치	기
비	사	치	기

씨	름
씨	름

제	기	차	기
제	기	차	기

줄	다	리	기
줄	다	리	기

그	네
그	네

사람이나 동물의 특성을 살린 재미있는 호칭을 바르게 써 보세요.
그리고 큰 소리로 읽어 보세요.

✻ 국어, 국어활동 1-2 전권

먹	보
먹	보

느	림	보
느	림	보

거	짓	말	쟁	이
거	짓	말	쟁	이

멋	쟁	이
멋	쟁	이

새	침	데	기
새	침	데	기

욕	쟁	이
욕	쟁	이

귀	염	둥	이
귀	염	둥	이

잠	꾸	러	기
잠	꾸	러	기

울	보
울	보

학용품을 설명하는 글을 쓰는 방법에 대하여 알아보세요.
다음 낱말을 바르게 쓰고 읽어 보세요.

✽ 국어 1-2나 214~217쪽

eraser [iréisər] 이레이서

shape [ʃéip] 셰이프

color [kʌ́lər] 컬러

box [báks] 박스

| 지 우 개 |
| 지 우 개 |
| 지 우 개 |
| |
| |

| 모 양 |
| 모 양 |
| 모 양 |
| |
| |

| 색 깔 |
| 색 깔 |
| 색 깔 |
| |
| |

| 상 자 |
| 상 자 |
| 상 자 |
| |
| |

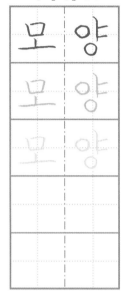

animal [ǽnəməl] 애너멀

object [ábdʒikt] 아브직트

scissors [sízərz] 시저즈

paper [péipər] 페이퍼

| 동 물 |
| 동 물 |
| 동 물 |
| |
| |

| 물 건 |
| 물 건 |
| 물 건 |
| |
| |

| 가 위 |
| 가 위 |
| 가 위 |
| |
| |

| 종 이 |
| 종 이 |
| 종 이 |
| |
| |

뿌리를 먹는 채소에는 어떤 것들이 있을까요?
다음을 바르게 쓰고, 뿌리 채소가 아닌 것을 골라 보세요. ＊국어 1-2나 218~220쪽

radish
[rǽdiʃ] 래디쉬

무
무
무

carrot [kǽrət] 캐럿

당	근
당	근
당	근

burdock [bə́ːrdak] 버어닥

우	엉
우	엉
우	엉

sweet potato [swíːt pətèitou]
스위이트 퍼테이토우

고	구	마
고	구	마
고	구	마

ginger [dʒíndʒər] 진저

생	강
생	강
생	강

garlic [gáːrlik] 가알릭

마	늘
마	늘
마	늘

onion [ʌ́njən] 어니언

양	파
양	파
양	파

bellflower [bélflàuər] 벨플라우어

도	라	지
도	라	지
도	라	지

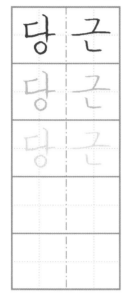

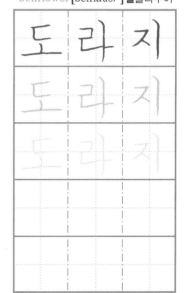

＊마늘과 양파는 비늘줄기를 먹습니다.

어제 집에서 불고기를

먹었는데 정말 맛있었어.

나, 어제 놀이터에서

신나게 놀았어.

선생님께서 미술 시간

에 그림을 잘 그렸다고

칭찬해 주셨어.

다음을 바르게 쓰고 바르게 띄어 읽어 보세요.
그리고 서점에 대하여 자유롭게 이야기해 보세요.

✱ 국어 1-2나 250~253쪽

서점 나들이 학 원 사 서
HAK WOON SA BOOK CENTER   대흥점 T.249-5616~7

아빠와 함께 서점에

갔다. 여러 가지 책이

많아서 참 신기했다. 내

124 글씨체 바로잡기와 받아쓰기

가 읽고 싶었던 책을

찾아서 반가웠다. 앞으로

서점에 더 자주 가고

싶다.

연날리기를 했다. 연은

날개도 없는데 계속 날

았다. 하늘에서 떨어지지

앉고 나는 것이 신기했

다. 참 재미있었다.
다. 참 재미있었다.

2017년 11월 22일 화

요일 해가 반짝

2017년 10월 16일 월

요일 흐림

2018년 11월 25일 금

요일 해님이 웃는 날

생각이나 느낌을 나타내는 여러 가지 말을 바르게 쓰고,
어떤 때 이런 말을 쓰는지 이야기해 보세요.

wonderful[wʌ́ndərfəl] 원더펄

bothering[bɑ́ðəriŋ] 바더링

shameful[ʃéimfəl] 쉐임펄

멋	지	다
멋	지	다
멋	지	다

귀	찮	다
귀	찮	다
귀	찮	다

부	끄	럽	다
부	끄	럽	다
부	끄	럽	다

fearful[fíərfəl] 피어펄

surprised[sərpráizd] 써프라이즈드

poor[púər] 푸어

무	섭	다
무	섭	다
무	섭	다

놀	라	다
놀	라	다
놀	라	다

불	쌍	하	다
불	쌍	하	다
불	쌍	하	다

다음을 바르게 쓰고 큰 소리로 읽어 보세요.
'숲속 재봉사'를 읽고 자유롭게 이야기해 보세요.

넓	은		들	판

큰		동	물	들

무	지	개		양	말

저		하	늘

멋	진		옷

작	은		곤	충	들

달을 갖고 싶어요

"안녕, 놀이터에 가서

같이 놀자."

"그래, 좋아."

다음을 바르게 쓰고, 큰 소리로 읽어 보세요.
그리고 인물의 행동을 따라 해 보세요.

✱ 국어 1-2가 274~275쪽

"이건 우리가 널 위

해 준비한 달과 별들

이야."

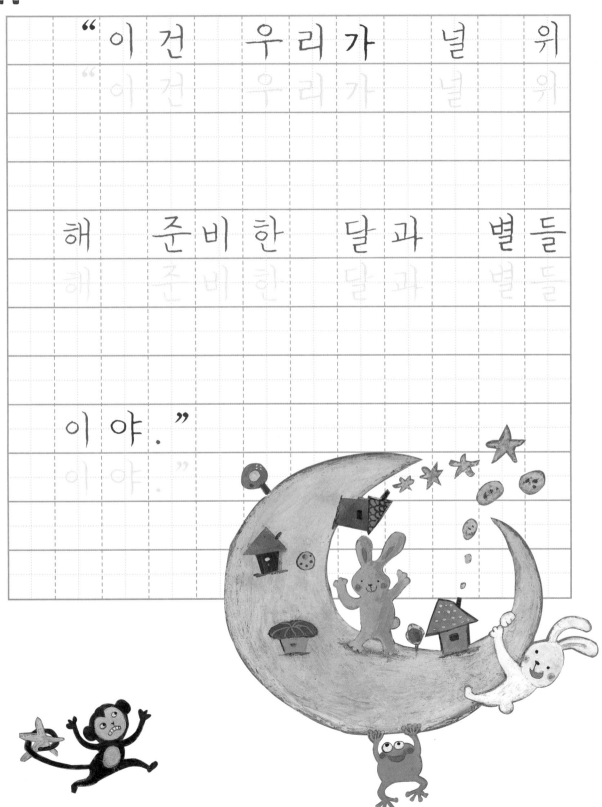

이른 아침

붉은 여우

저녁노을

버드나무

숭어

준비

물론

살며시

잠시

대	머	리		독	수	리
대	머	리		독	수	리

갑	자	기
갑	자	기

가	슴
가	슴

까	만		밤	하	늘
까	만		밤	하	늘

들	풀
들	풀

잽	싸	게
잽	싸	게

고	요	한		마	을
고	요	한		마	을

뜻이 반대되는 다음 낱말을 바르게 쓰고 큰 소리로 읽어 보세요.
영어 표현도 익혀 보세요.

✽ 국어, 국어활동 1-2 전권

길 다
길 다
길 다

짧 다
짧 다
짧 다

long [lɔ́ːŋ] 로옹

short [ʃɔ́ːrt] 쇼오트

높 다
높 다
높 다

낮 다
낮 다
낮 다

high [hái] 하이

low [lóu] 로우

넓 다
넓 다
넓 다

좁 다
좁 다
좁 다

wide [wáid] 와이드

narrow [nǽrou] 내로우

작 다
작 다
작 다

크 다
크 다
크 다

small [smɔ́ːl] 스모올

big [bíg] 빅

다음을 바르게 쓰고 생각 나는 동화의 제목을 말해 보세요.
그리고 각 동화에 대하여 자유롭게 이야기하세요.

※ 국어 1-2나 276~278쪽

나	무	꾼
나	무	꾼

사	슴
사	슴

흥	부
흥	부

제	비
제	비

두	꺼	비
두	꺼	비

항	아	리
항	아	리

거	북
거	북

토	끼
토	끼

미	운		오	리
미	운		오	리

백	설		공	주
백	설		공	주

"영서야, 신발 신자."

"엄마, 내가 신을래."

"영서야, 약 바르자."

"엄마, 내가 바를래."

다음을 바르게 쓰고, 인물의 말과 행동을 살려
큰 소리로 실감 나게 읽어 보세요.

✽ 국어 1-2나 279쪽

"엄마, 내가 씻을래.

퐁퐁퐁 비누 거품이다."

"이야, 밀가루 반죽이

다. 나도 과자 만들래."

끝말잇기를 하며 다음을 바르게 쓰세요.
그리고 큰 소리로 또박또박 읽어 보세요.

영	금	영	금	금	요	일	일	기	장
영	금	영	금	금	요	일	일	기	장

장	미	미	안	안	경	경	기	기	차
장	미	미	안	안	경	경	기	기	차

차	도	도	화	지	지	팡	이	이	불
차	도	도	화	지	지	팡	이	이	불

너, 끝말잇기 잘하니?

어려워!

'ㄲ', 'ㄼ', 'ㄺ' 받침이 들어간 낱말을 바르게 쓰고 발음에 주의하며 읽어 보세요.

떡	볶	이
떡	볶	이

볶	음	밥
볶	음	밥

뜻	밖	에
뜻	밖	에

여	덟
여	덟

넓	다
넓	다

밟	다
밟	다

얇	다
얇	다

짧	다
짧	다

까	닭
까	닭

늙	다
늙	다

읽	다
읽	다

흙
흙

맑	다
맑	다

다음을 바르게 쓰고, 큰따옴표와 작은따옴표의 쓰임을
꼼꼼히 살펴보세요.

'어떤 마술을 보여

줄까?'

펑!

"토끼가 나왔네요!"

다음 낱말을 바르게 쓰고 큰 소리로 읽어 보세요.
동사나 형용사를 꾸미는 부사에 대해 알아보세요.

갑	자	기
갑	자	기

잽	싸	게
잽	싸	게

살	며	시
살	며	시

재	미	있	게
재	미	있	게

열	심	히
열	심	히

힘	없	이
힘	없	이

신	나	게
신	나	게

언	제	나
언	제	나

씩	씩	하	게
씩	씩	하	게

이른	아침

붉은	여우

고요한	밤

깨끗한	손

미운	오리

소중한	책

뜻이 맞서거나 반대인 낱말끼리 선으로 잇고,
낱말을 바르게 써 보세요.

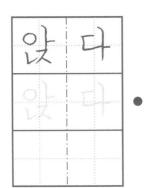

길 다
길 다

서 다
서 다

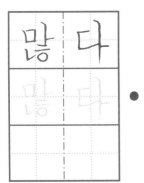

낮 다
낮 다

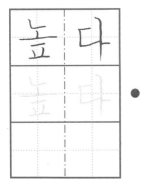

적 다
적 다

* 정답 : 앉다↔서다 / 짧다↔길다
/ 많다↔적다 / 높다↔낮다

설명에 알맞은 낱말을 찾아 선으로 잇고,
낱말을 바르게 써 보세요.

눈에 좋은 영양소 가 많이 든, 주황 색 뿌리 채소

무
무

기침감기를 낫게 하는, 흰색 뿌리 채소

당	근
당	근

종이를 자를 때 사용 하며, 손잡이와 날이 있는 도구

지	우	개
지	우	개

쓴 글이나 그림을 지울 때 사용하는 학용품

가	위
가	위

단원별
받아쓰기 급수표

- 어린이가 틀리기 쉬운 낱말 · 구절 · 문장을 단원별로 정리하고,
  띄어써야 할 곳을 ∨로 표시하였습니다.
- 부모님이나 선생님께서 또박또박 불러 주시고,
  어린이가 공책이나 별지에 받아쓰게 하세요.
- 띄어쓰기에도 주의하게 합니다.
- 받아쓰기를 마친 다음에는 반드시 체크하고, 틀린 곳은 정확히
  익힐 수 있도록 이끌어 주세요.

1단원 1step

단원별 받아쓰기 급수표

① 저희끼리
② 심심할∨때면
③ 서로서로
④ 돌잡이
⑤ 첫∨번째∨생일에
⑥ 여러∨가지∨물건
⑦ 한두∨개
⑧ 맛있는∨음식
⑨ 오래∨살∨것이라고
⑩ 우리∨조상들은

1단원 2step

단원별 받아쓰기 급수표

① 건강하고∨행복하게
② 낚시를∨해요.
③ 모자를∨썼다.
④ 책상을∨닦는다.
⑤ 잠을∨잤다.
⑥ 학교에∨갔다.
⑦ 연필을∨깎았다.
⑧ 재료를∨섞었다.
⑨ 나는∨책이∨좋아요.
⑩ 우주∨이야기책도

1단원 3step

단원별 받아쓰기 급수표

① 어린이∨동시집
② 공룡∨그림책
③ 만화책
④ 색칠하기∨책도
⑤ 두꺼운∨책
⑥ 얇은∨책도
⑦ 구슬이∨있다.
⑧ 매일매일통닭
⑨ 사랑빵집
⑩ 손을∨깨끗이∨씻읍시다

2단원 4step

단원별 받아쓰기 급수표

① 동물∨농장
② 비가∨주룩주룩
③ 햇볕이∨쨍쨍
④ 나뭇잎이∨살랑살랑
⑤ 두∨눈이∨반짝반짝
⑥ 가슴이∨벌렁벌렁
⑦ 바람이∨씽씽
⑧ 즐거운∨단풍∨구경
⑨ 단풍이∨울긋불긋
⑩ 멍멍∨짖었다.

2단원 5step 단원별 받아쓰기 급수표

① 우리∨가족은
② 이리저리∨뛰어다녔다.
③ 모래∨놀이터에∨앉아서
④ 모래성을∨많이∨쌓았다.
⑤ 물이∨없어.
⑥ 강아지가∨가엾다.
⑦ 이제∨괜찮아?
⑧ 엉금엉금
⑨ 가위바위보
⑩ 하늘이∨맑다.

2단원 6step 단원별 받아쓰기 급수표

① 달이∨두둥실∨떠∨있습니다.
② 아기가∨앙앙∨웁니다.
③ 호랑이가∨납작∨엎드립니다.
④ 도둑이∨살금살금∨내려옵니다.
⑤ 아빠∨방귀
⑥ 떡볶이
⑦ 달이∨밝다.
⑧ 의자에∨앉았습니다.
⑨ 이를∨닦았습니다.
⑩ 친구가∨많습니다.

3단원 7step 단원별 받아쓰기 급수표

① 친구들이∨응원을∨합니다.
② 남자아이들이∨만세를∨부릅니다.
③ 달릴∨준비를∨합니다.
④ 아이들이∨줄넘기를∨합니다.
⑤ 친구가∨넘어졌습니다.
⑥ '어떤∨마술을∨보여∨줄까?'
⑦ 모두∨숨죽여∨기다렸습니다.
⑧ "토끼가∨나왔네요!"
⑨ 우리는∨모두∨박수를∨쳤습니다.
⑩ 마술사의∨한마디에

3단원 8step 단원별 받아쓰기 급수표

① 단풍이∨들었습니다.
② 호수가∨잔잔합니다.
③ 사람들이∨배를∨탑니다.
④ 나뭇잎이∨아래로∨떨어집니다.
⑤ 모두∨즐겁게∨웃습니다.
⑥ 나무기∨바람에∨흔들립니다.
⑦ 맑은∨가을∨하늘에
⑧ 얇은∨그물처럼∨생겼습니다.
⑨ 달걀을∨삶아∨주셨습니다.
⑩ 넓고∨푸른∨초원에는

3단원 9step 단원별 받아쓰기 급수표

① 옥신각신 ∨ 다툼도 ∨ 많았어요.
② 이른 ∨ 아침부터
③ 나무 ∨ 밑에서 ∨ 잠을 ∨ 자던
④ 기린도 ∨ 물러나지 ∨ 않았어요.
⑤ 코끼리와 ∨ 악어가
⑥ 서로 ∨ 조금씩만 ∨ 양보하렴.
⑦ 마주 ∨ 보고 ∨ 웃었어요.
⑧ 악어도 ∨ 사자를 ∨ 칭찬했지요.
⑨ 사자는 ∨ 정말 ∨ 지혜롭다니까.
⑩ 어머니께 ∨ 선물을 ∨ 받았다.

4단원 10step 단원별 받아쓰기 급수표

① 현장 ∨ 체험학습
② 나무와 ∨ 꽃이 ∨ 살기 ∨ 때문에
③ 쓰레기를 ∨ 버리면
④ 털이 ∨ 송송 ∨ 난
⑤ 아빠가 ∨ 아플 ∨ 때
⑥ 빨간 ∨ 줄무늬 ∨ 넥타이
⑦ 검은 ∨ 구두를
⑧ 버스에 ∨ 사람이 ∨ 많아서
⑨ 아빠 ∨ 수염이 ∨ 뾰족뾰족
⑩ 코를 ∨ 엄청 ∨ 골면서

4단원 11step 단원별 받아쓰기 급수표

① 내 ∨ 꿈은 ∨ 요리사입니다.
② 세계 ∨ 여러 ∨ 나라의 ∨ 음식
③ 맛있는 ∨ 음식을 ∨ 만들어
④ 내가 ∨ 만든 ∨ 음식을 ∨ 먹고
⑤ 옛날옛날 ∨ 어느 ∨ 동네에
⑥ 콩 ∨ 한 ∨ 알씩을
⑦ 창밖으로 ∨ 던져 ∨ 버렸어요.
⑧ 콩을 ∨ 미끼로 ∨ 써서
⑨ 어미 ∨ 닭이 ∨ 달걀을 ∨ 낳으면
⑩ 병아리를 ∨ 까게 ∨ 하여

4단원 12step 단원별 받아쓰기 급수표

① 마침내 ∨ 시간이 ∨ 흘러
② 할아버지 ∨ 생신날이 ∨ 되었어요.
③ 고개만 ∨ 수그리고
④ 송아지를 ∨ 끌고 ∨ 나왔어요.
⑤ 사람들은 ∨ 깜짝 ∨ 놀랐어요.
⑥ 함박웃음을 ∨ 지었어요.
⑦ 아무 ∨ 말도 ∨ 하지 ∨ 못했어요.
⑧ 딸 ∨ 셋을 ∨ 한자리에 ∨ 불러
⑨ 밥을 ∨ 잘 ∨ 먹어요.
⑩ 아침에 ∨ 일찍 ∨ 일어나요.

5단원 13step 단원별 받아쓰기 급수표

① 무엇이 ∨ 무엇이 ∨ 똑같은가
② 젓가락 ∨ 두 ∨ 짝이
③ 윷가락 ∨ 네 ∨ 짝이
④ 즐거운 ∨ 일이 ∨ 있으면
⑤ 참새야, ∨ 너도 ∨ 와.
⑥ 노랑나비를 ∨ 만나면
⑦ 집이 ∨ 꽉 ∨ 찹니다.
⑧ 나무에 ∨ 둥지를 ∨ 틀고
⑨ 고운 ∨ 알을 ∨ 소복하게 ∨ 낳아
⑩ 며칠만 ∨ 지나면

5단원 14step 단원별 받아쓰기 급수표

① 나팔꽃이 ∨ 일어나래요.
② 아침 ∨ 이슬이 ∨ 세수하래요.
③ 사냥꾼이 ∨ 헐레벌떡 ∨ 뛰어왔습니다.
④ 마음씨 ∨ 나쁜 ∨ 구두쇠 ∨ 영감
⑤ 옆 ∨ 마을에 ∨ 사는 ∨ 최 ∨ 서방이
⑥ "틀림없이 ∨ 들었네."
⑦ 창피해서 ∨ 얼굴이 ∨ 빨개졌어요.
⑧ 엽전 ∨ 소리를 ∨ 들었으니
⑨ 돈을 ∨ 받은 ∨ 것이나 ∨ 마찬가지예요.
⑩ 모두 ∨ 웃음을 ∨ 터뜨렸어요.

6단원 15step 단원별 받아쓰기 급수표

① 먼저 ∨ 지나가세요!
② 다음에는 ∨ 제가 ∨ 꼭 ∨ 양보할게요.
③ 노래 ∨ 참 ∨ 잘한다!
④ 탐스러운 ∨ 열매가 ∨ 주렁주렁!
⑤ 달콤 ∨ 박쥐는 ∨ 공손히 ∨ 인사하고
⑥ 친구들아, ∨ 정말 ∨ 반가워!
⑦ 새 ∨ 장난감이 ∨ 생겨서 ∨ 기뻐요.
⑧ 잃어버린 ∨ 줄 ∨ 알았는데
⑨ 괜찮아. ∨ 곧 ∨ 마를 ∨ 거야.
⑩ 늦어서 ∨ 미안해.

6단원 16step 단원별 받아쓰기 급수표

① 아저씨, ∨ 고맙습니다.
② 안녕하세요?
③ 저는 ∨ 김민아입니다.
④ 함께 ∨ 공놀이하자.
⑤ 약속 ∨ 시간을 ∨ 꼭 ∨ 지켜 ∨ 줘.
⑥ 친구를 ∨ 보니 ∨ 부러워요.
⑦ 장난감이 ∨ 망가져서 ∨ 화나요.
⑧ 무슨 ∨ 맛이 ∨ 이래?
⑨ 몽몽 ∨ 숲의 ∨ 박쥐 ∨ 두 ∨ 마리
⑩ 동물들을 ∨ 초대해

7단원 17step 단원별 받아쓰기 급수표

① 도토리∨삼∨형제가
② 나무를∨잘∨타요.
③ 줄무늬가∨있어요.
④ 나는∨농장에서∨자랍니다.
⑤ 나는∨어떤∨열매일까요?
⑥ 소금을∨만드는∨맷돌
⑦ 백성을∨아끼고∨사랑했어요.
⑧ 너도나도∨임금님∨칭찬을∨했어요.
⑨ 도둑은∨궁궐로∨숨어들었어요.
⑩ 배를∨타고∨바다를∨건너

7단원 18step 단원별 받아쓰기 급수표

① 소금으로∨가득∨찬∨배는
② 기우뚱기우뚱하면서∨가라앉기
③ 자신도∨모르게∨씩∨웃었지요.
④ 이야기를∨엿듣던∨도둑은
⑤ 기다리던∨토요일∨아침이다.
⑥ 회전목마를∨탈∨생각을∨하니
⑦ 말이∨오르락내리락∨움직이는∨게
⑧ 무섭지∨않고∨재미있었다.
⑨ 소곤소곤∨말해야∨합니다.
⑩ 여러∨사람이∨이용하는∨곳

7단원 19step 단원별 받아쓰기 급수표

① 개미가∨강물에∨빠졌어요.
② 나뭇잎∨위에∨올라가
③ 사냥꾼이∨살금살금∨다가왔어요.
④ 비둘기도∨깜짝∨놀라서
⑤ 색깔이∨아주∨예쁜∨주머니
⑥ 파리는∨그만∨미끄러졌어요.
⑦ 맛있는∨냄새가∨궁금한∨파리
⑧ 벌레잡이풀이∨파리를∨잡았어요.
⑨ 음식물∨쓰레기통
⑩ 손과∨발을∨깨끗이∨씻었지?

8단원 20step 단원별 받아쓰기 급수표

① 온∨가족이∨모이는∨명절
② 도란도란∨이야기를∨나누며
③ 햇과일과∨햇곡식으로∨만든
④ 정성스럽게∨차례상에∨올리고
⑤ 개미들이∨줄지어∨가는∨것을
⑥ 어디로∨가는∨것일까?
⑦ 돌멩이를∨이용한∨놀이입니다.
⑧ 가위바위보를∨하여∨진∨편은
⑨ 무릎∨사이에∨끼워
⑩ 땅바닥에∨줄을∨긋습니다.

8단원 21step 단원별 받아쓰기 급수표

① 지우개의 ∨ 모양과 ∨ 색깔은
② 여러 ∨ 가지 ∨ 색이 ∨ 섞인 ∨ 것도
③ 종이를 ∨ 자를 ∨ 때
④ 엄지손가락과 ∨ 나머지 ∨ 손가락
⑤ 매끄러운 ∨ 것이 ∨ 많지만
⑥ 홈이 ∨ 파인 ∨ 것도
⑦ 우리 ∨ 몸을 ∨ 튼튼하게 ∨ 합니다.
⑧ 눈에 ∨ 좋은 ∨ 영양소가
⑨ 엄마 ∨ 품에 ∨ 폭 ∨ 안길 ∨ 만큼
⑩ 그렇지만 ∨ 나는 ∨ 자라요.

8단원 22step 단원별 받아쓰기 급수표

① 내 ∨ 이름을 ∨ 쓸 ∨ 때에도
② 심장이 ∨ 두근거리는 ∨ 순간에도
③ 작고 ∨ 평화로운 ∨ 마을에
④ 풀밭에 ∨ 벌렁 ∨ 드러누워
⑤ 한가로이 ∨ 풀을 ∨ 뜯는 ∨ 양 ∨ 떼
⑥ 소년은 ∨ 엉엉 ∨ 울면서
⑦ 큰 ∨ 소리로 ∨ 외쳤어요.
⑧ 솔잎을 ∨ 깔고 ∨ 떡을 ∨ 찌기 ∨ 때문에
⑨ 옥수수를 ∨ 볶아서 ∨ 만든 ∨ 가루
⑩ 한 ∨ 해 ∨ 동안 ∨ 거두어들인

9단원 23step 단원별 받아쓰기 급수표

① 오늘 ∨ 날씨
② 단풍처럼 ∨ 빨갛기 ∨ 때문이다.
③ 사이좋게 ∨ 지낼 ∨ 것이다.
④ 놀이터에서 ∨ 겪은 ∨ 일
⑤ 모둠마다 ∨ 가게를 ∨ 만들었다.
⑥ 도깨비 ∨ 인형도 ∨ 팔고,
⑦ 변신 ∨ 로봇도 ∨ 팔았다.
⑧ 내 ∨ 물건이 ∨ 팔릴 ∨ 때
⑨ 기분이 ∨ 좋았다.
⑩ 물건을 ∨ 사는 ∨ 사람도

9단원 24step 단원별 받아쓰기 급수표

① 운동장에서 ∨ 달리기를 ∨ 했다.
② 단풍처럼 ∨ 빨갛기 ∨ 때문이다.
③ 아무 ∨ 말도 ∨ 하지 ∨ 않았다.
④ 위로해 ∨ 주어서 ∨ 기분이 ∨ 좋아졌다.
⑤ 11월 ∨ 22일 ∨ 화요일
⑥ 해가 ∨ 반짝
⑦ 아빠와 ∨ 함께 ∨ 서점에 ∨ 갔다.
⑧ 여러 ∨ 가지 ∨ 책이 ∨ 많아서
⑨ 읽고 ∨ 싶었던 ∨ 책을 ∨ 찾아서
⑩ 서점에 ∨ 더 ∨ 자주 ∨ 가고 ∨ 싶다.

① 어제 ∨ 불고기를 ∨ 먹었는데
② 그림을 ∨ 잘 ∨ 그렸다고
③ 연은 ∨ 날개도 ∨ 없는데
④ 하늘에서 ∨ 떨어지지 ∨ 않고
⑤ 참 ∨ 재미있었다.
⑥ 선생님께서 ∨ 칭찬해 ∨ 주셨어.
⑦ 자신의 ∨ 생각이나 ∨ 느낌을
⑧ 우체국에 ∨ 가서 ∨ 편지를 ∨ 부쳤다.
⑨ 계속 ∨ 날았다.
⑩ 어디에서 ∨ 있었던 ∨ 일인지

① 깊고 ∨ 깊은 ∨ 숲속에
② 밤이나 ∨ 낮이나 ∨ 쉬지 ∨ 않고
③ 춤출 ∨ 때 ∨ 입을 ∨ 거예요.
④ 물고기들이 ∨ 헤엄쳐 ∨ 와
⑤ 무지개 ∨ 양말에 ∨ 구두 ∨ 신고
⑥ 넓은 ∨ 들판에 ∨ 사는
⑦ 작고 ∨ 작은 ∨ 곤충들도
⑧ 바람 ∨ 불면 ∨ 털이 ∨ 눈을 ∨ 가려서
⑨ 높은 ∨ 산 ∨ 낮은 ∨ 산
⑩ 깡충깡충 ∨ 뛰면 ∨ 팔랑거리는 ∨ 치마

① 그렇게 ∨ 모두 ∨ 꿈꿔 ∨ 왔던
② 이 ∨ 하늘 ∨ 저 ∨ 하늘 ∨ 새들이
③ 멋진 ∨ 옷을 ∨ 부탁했어요.
④ 한바탕 ∨ 잔치가 ∨ 벌어졌어요.
⑤ 붉은 ∨ 여우 ∨ 아저씨는
⑥ 들풀로 ∨ 가득 ∨ 찬 ∨ 곳에
⑦ 대머리 ∨ 독수리 ∨ 한 ∨ 마리가
⑧ 홀로 ∨ 앉아 ∨ 있었어요.
⑨ 잽싸게 ∨ 날아와서
⑩ 가슴을 ∨ 활짝 ∨ 펴고 ∨ 말했어요.

① 살며시 ∨ 미소를 ∨ 지었어요.
② 아저씨랑 ∨ 함께하면 ∨ 저도
③ 먼 ∨ 길을 ∨ 떠났어요.
④ 잠시 ∨ 햇볕을 ∨ 피해 ∨ 가요.
⑤ 다리를 ∨ 쭉 ∨ 뻗고 ∨ 누웠어요.
⑥ 온몸을 ∨ 힘겹게 ∨ 움직이더니
⑦ 물을 ∨ 벌컥벌컥 ∨ 마셨어요.
⑧ 저녁노을이 ∨ 곱게 ∨ 물든
⑨ 버드나무 ∨ 가지로 ∨ 배를 ∨ 만들어
⑩ 별들이 ∨ 총총 ∨ 빛나고 ∨ 있었지요.